나무가 있는 풍경

나무가 있는 풍경

초판 1쇄 | 2005년 5월 20일

지은이 | 용혜원

펴낸이 | 김영재

펴낸곳 | 책만드는집

주소 | 서울 마포구 합정동 428-49 4층(121-886)

전화 | 3142-1585·6

팩시밀리 | 336-8908

E-mail | chaekjip@chol.com

등록 | 1994. 1. 13. 제10-927호

ⓒ 용혜원, 2005

저자와의 협의에 의해 인지를 생략합니다.

잘못된 책은 구입하신 서점에서 바꾸어드립니다.

89-7944-221-1(03810)

용혜원 시집

나무가 있는 풍경

책만드는집

차례

첫 번째 풍경 은빛 자작나무숲으로

봄_17

벚꽃_18

새싹아 돋아라_20

나무들의 약속_22

개나리꽃 피는 봄_23

봄을 기다리는 나무_24

매화나무_26

그대의 눈빛_28

진달래꽃_30

나무의 미소_32

이 봄날에_34

나무는 홀로 사랑한다_35

나무의 모습 속에서_36

나무에게_38

봄의 열병_39

행복_40

한 그루 나무처럼_41

메타세콰이어 길을 따라 두 번째 풍경

여름밤 숲에선_45

여름 숲 속의 향기_46

숲길을 따라_48

깊은 숲에 들어가면_50

숲 1_52

숲 2_53

숲 속에서는_54

마음의 휴식_56

나무와 둥지_58

한마음_60

저마다 가슴에_61

들길의 나무 한 그루_62

풍경_63

바람이 불면_64

추억의 건너편에_66

피곤한 여행길에_68

나무처럼 살고 싶다_70

상록수_71

나무의 힘_72

세 번째 풍경 　바람이 머무는 곳에서

낙엽 하나_77

가을 1_78

가을 2_79

가을 나무 1_80

가을 나무 2_82

낙엽을 밟으며_83

나무의 시선_84

욕심 없는 나무_86

빈 들판의 나무 한 그루_87

진실을 원하는 나무_88

다정한 연인_90

한밤의 숲에선_92

가을 단풍나무_94

푸름이 있을 때_96

아름다움_98

쉼터_100

빈 의자_102

나무는_104

그리움의 간격_105

은사시나무 아래 네 번째 풍경

겨울 나무 1_109

겨울 나무 2_110

기다림_112

저녁노을_114

한밤에_115

나무를 보라_116

기도하는 나무_118

지리산_120

씨앗 속에는_122

눈 덮인 겨울 산_124

바람에 쓰러진 큰 나무_126

나무에겐 평화가 있다_129

여행을 떠나고 싶어하던 나무_130

희망을 채우며_133

화창한 봄날 그대의 고운 눈 바라보면
내 마음은 봄 동산이 된다

온 산에 진달래꽃 피어나 붉게 붉게 물들이듯
내 마음도 사랑의 불로 활활 타오른다

첫 번째 풍경

은빛 자작나무 숲으로

봄

겨울잠에서
막 깨어난
봄은

깜짝 놀란 듯
빈 가지마다 꽃을
피워놓았다

벚꽃

봄이 오면 벚나무는
변화를 꿈꾼다

세찬 겨울바람에
꽁꽁 얼어붙었던 산천이
눈 녹아 흐르면
두터운 외투를 벗어버리고
햇빛들의 잔치 속에서
봄을 꽃피운다

봄이면 벚나무는
한겨울의 추위와
시련의 고통을 다 잊어버리고
손 마디마디마다
꽃을 피운다

그리움이 가득한

가지마다 피워내는 꽃은

그 어느 사랑보다

뜨겁게 불타오른다

춥디추운 겨울을 견뎌온 탓에

봄 햇살에 열꽃이 돋아나듯

벚꽃은 피어난다

한겨울에 숨 끊어진 듯 고요히 있다가

지난봄

사랑이 머문 자리마다

활짝 꽃을 피운다

새싹아 돋아라

봄빛이 속삭이기 시작하면
흙 속에 꼭꼭 숨어 있던 씨앗아
생명의 싹을 틔워라

씨앗아 네 속에는
꽃과 열매와
커다란 나무가 숨어 있다
생명의 싹을 틔워라

봄 햇살이 비치기 시작하면
새싹아 돋아라
새싹아 돋아라

초록 잎새마다
봄을 가득 메우고
꽃잎마다
봄을 가득 채워라

새싹아 새싹아

여름날에 쑥쑥 자라

가을날에 열매 맺어라

봄, 여름, 가을, 그리고 겨울

모든 계절마다 잘 자라

커다란 나무가 되어라

나무들의 약속

나무들이
무슨 약속이라도 한 것일까

봄이 오면
일제히 꽃을 피우고
연초록 잎을
새롭게 틔우기 시작한다

봄은
바라보게 하는 계절
보여주는 계절

나무들은 봄이면
시선을 한 몸에 받고 싶은지
그리움의 꽃을 피우고
파릇파릇 연초록 잎새를
틔우기 시작한다

개나리꽃 피는 봄

개나리꽃 피는
봄이 왔다
노란 꽃들이 재잘거리며
떠드는 소리를 듣고 있노라면
우리의 어린 시절이 다가온다

웃음 가득한
개구쟁이 친구들의
보송보송한 얼굴이
한꺼번에 몰려온다

개나리꽃이 무더기로
피어 있는 곳에 있으면
마음속까지 꽃 핀 듯이
벅차오른다
즐거운 일이 생길 것 같다
문득 사랑에 빠질 것 같다

봄을 기다리는 나무

가을이면 나무는
단풍 든 옷을 훌훌 벗는다
모두 다 벗어버린다

추운 겨울 벌거벗은 그대로
서 있는 까닭은
봄을 기다리기 때문이다

봄의 따스한
미소가 가득해오면
온 땅에 퍼지는
초록빛의 물결과 함께
찬란하게 피어나는
꽃의 노래를 알고 있다

가을이면 나무는
앙상한 가지를 드러내고
옷을 벗어버린다

봄비에 새순이 돋는
찬란한 순간을 맞이하기 위해
있는 손을 다 뻗치고 서서
기다리고 있다

매화나무

겨우내 꽁꽁 얼어붙었던 발을
봄 햇살이 따스하게 녹일 때면
매화나무는 온몸에
꽃을 활짝 피워놓는다

가슴에 담긴
맑은 사랑을 표현하고 싶어서
피워낸 꽃의 향기를
바람결에 날려보낸다

여름날 매화나무는
하늘 가득한 햇살을 받아
열정을 가득 품고
온 땅을 적시고도 남을
빗줄기에 흠뻑 젖으면
열매를 맺는다

봄 한철 지독하게 앓던

사랑을 못 잊었는지

다시 사랑을 하려고

열매마다 씨앗을 숨겨놓는다

그대의 눈빛

화창한 봄날
그대의 고운 눈 바라보면
내 마음은 봄 동산이 된다

온 산에 진달래꽃 피어나
붉게 붉게 물들이듯
내 마음도 사랑의 불로
활활 타오른다

사모하는 그대여
그대를 멀리서만 바라보아도
내 심장은 설렘으로
쿵쿵 소리를 내며 뛴다

화창한 봄날

꽃을 떠나지 못하고

맴도는 나비처럼

그대의 눈빛에 사로잡혀

떠날 수가 없다

진달래꽃

봄에 피어나는 진달래꽃은
무슨 원한을 품었기에
산마다 붉게 붉게 피어나는가

이 땅의 한 맺힌 역사 바로 세우기 위해
흘린 민중의 피로 피어나는가

한 많은 민중의
아물지 않은 상처 보여주기 위해
불타듯이 붉게 붉게
온 산을 덮는가

고통의 시절
피 흘리며 쓰러져간
민중은 돌아오지 않건만

진달래꽃은

봄이면 어김없이 돌아와

온 산을

붉게 붉게 물들인다

나무의 미소

눈과 바람으로 가득한
한겨울 내내
매서운 바람을 맞으며
맨몸으로 몸살을 앓다가
봄맞이로 신명 나
겨우내 꿈꾸던 소망을
가지마다 꽃으로 피워낸다

나무는 온몸에 전해지는
아픔을 참다 못해
가슴에 불을 질러
봄이면 밝고 환한 미소를
가지마다 꽃으로 피워낸다

꽃 피는 순간만큼은
모든 것을 잊고 행복할 수 있다

봄이 오면 나무의
행복한 미소가
꽃으로 피어난다

이 봄날에

봄은 새로움
꽃들의 화려한 외출이 시작된다

붉은 와인에 흠뻑 취한 듯
피어나는 진달래
만발한 꽃들을 보고도
찬사를 보내지 못한다면
마음이 메마른 것이다

겨우내 닫혔던 마음을 연 꽃은
가슴에 불을 놓은 듯
뜨거운 몸짓으로 피어나는데

이 좋은 봄날
마음의 창 하나
활짝 열지 못한다면
참 불행한 일이다

나무는 홀로 사랑한다

나무는 홀로 사랑한다
겨우내 메마른 가슴에
담긴 외로움
그 아픔이 핏물이 되어
가지마다 스며 나와
봄이면 꽃으로 피어난다

나무는 홀로 사랑한다
몸속으로 나이테를 만들며
몸부림치다
가지마다 열매를 맺는다

나무의 모습 속에서

나무의 모습 속에서
삶의 뿌리내림과
성장의 비결을 배운다

나무는
숲이 되는 그날을 위하여
하늘을 향해 온몸을
곧게 곧게 세운다

나무는
있는 힘을 다해 땅속으로
뿌리를 뻗어내린다

땅과 하늘의
축복 속에
자신의 삶을 만든다

나무는
꽃을 피워야 할 때를 알고
열매를 맺어야 할 때를 알고
잎을 떨어뜨려야 할 때를 안다

나무에게

나무에게 배우고 싶다

비바람과 눈보라
폭풍우를
어떻게 견디는지를

나무에게 배우고 싶다

무수한 세상의 소리 속에서
한마디 말도 없이
가슴에만 나이테를 두르고 있는 초연함을

나무에게 배우고 싶다

분주함 속에서
시간에 쫓기지 않고
잘 버티고 서서
여유롭게 자라는 법을

봄의 열병

봄이
내 마음을 살짝
열어놓던 날
어디론가 떠나고 싶어
열병을 앓았지요

겨우내 살 에이는
세찬 바람에도 잘 견디다가
사랑하는 마음을
어쩌지 못해
매화 꽃망울을
터뜨리고 말았지요

행복

마을 한가운데 있는 나무는
늘 행복했습니다

나무 그늘 아래는
그늘만큼의 행복이 만들어졌고

오가는 사람들은
멀리서나 가까이서나
나무를 바라보며 행복해했습니다

나무와 마을 사람들은
서로 사랑했습니다

나무와 마을 사람들은
모두 행복했습니다

한 그루 나무처럼

늘 제자리에 서 있어도

푸른 모습 잃지 않는

한 그루 나무처럼

살고 싶다

물 흐르듯 가벼운 마음으로
숲길을 따라 느긋하게 걷습니다
시끄러운 세상을 벗어나
생명의 소리가 들리는 숲으로 들어갑니다

숲 속을 거닐며 만나는
모든 것이 평화롭습니다

두 번째 풍경

메타세콰이어 길을 따라

여름밤 숲에선

여름밤 숲에선
불을 밝혀놓지 말아요

당신은 빛으로
어둠을 밝히려 하지만

수많은 곤충이
황홀한 불빛을 보고 찾아와
온밤이 지나도록
아픔을 만들어요

여름 숲 속의 향기

무더위가 한층

기승을 부릴 때

사방에서 몰려온

먹구름이 쏟아붓는 소낙비에

나무는 온몸을 씻는다

그 시원함과 상쾌함은

비가 그치고 햇살이 비칠 때

나뭇잎의 초록빛이

더 짙어지는 것을 보면 알 수 있다

여름날 시원스레 빗줄기가 쏟아지면

뿌리는 마른 목을 축이고

나뭇가지는

잠에서 깨어나 기지개를 켜듯

쑥쑥 자라난다

여름날 비 온 후

햇살이 비치면

나무가 얼마나 신이 나 있는지

숲 속의 향기가 달라진다

숲길을 따라

물 흐르듯 가벼운 마음으로
숲길을 따라 느긋하게 걷습니다

시끄러운 세상을 벗어나
생명의 소리가 들리는
숲으로 들어갑니다

찡그렸던 인상을 펴고
마음에 여유를 가지면
빠르게 박동하던 심장이
안정을 찾습니다

숨 가쁘게 살아가며
꽁꽁 묶어두었던 것들을
넓은 하늘에 구름 몇 점 띄우듯이
하나 둘 풀어놓습니다

숲 속을 거닐며 만나는

모든 것이 평화롭습니다

평소에 말하지 못했던 이야기를

나무들과 나눕니다

풀꽃과 다람쥐

자연과 교감을 나누며

나 자신을 돌아보는 시간을 갖습니다

마음의 문을 열고

겉모습 뒤에 감춰진

진정한 나의 모습을 찾습니다

분주하고 복잡한 것들을 떠나는 순간

즐거움이 찾아오고

발걸음도 느긋해집니다

깊은 숲에 들어가면

흙길을 따라 걷다가
깊은 숲에 들어가면
나무의 숨결을 느낄 수 있다

잎새 사이로 쏟아지듯이 비치는
햇살의 아름다움에 빠지다 보면
나무가 내뿜는 향기에
마음까지 맑아진다

깊은 숲에 들어가 앉아 있으면
모든 것에서 벗어난 듯
홀로된 자유가 느껴진다

깊은 숲에 들어가 있으면

깨끗한 마음과 순결한 영혼으로

묵상을 하고 싶다

가난한 마음이 되어

기도를 드리고 싶다

숲 1

바람이 불지 않는 날에는

나무들이

너무나 조용히

속삭이기에

아무 소리도

들리지 않았다

숲 2

새 한 마리
울며 날아간다

나무는 아무 말없이
가만히 서서 보고만 있다

나무는
새의 마음을 알고 있었을까

구름 사이로 얼굴을 내민
태양은 알고 있다는 듯 웃고 있다

숲 속에서는

숲 속을 거닐다
나무에 편하게 기대어 앉아
그대와 사랑을 속삭이면
새들도 함께 사랑을 속삭인다

숲 속에서는
아무에게도 방해받고 싶지 않은
이름 모를 꽃들이 피어난다

숲 속에서는
아무에게도 방해받고 싶지 않은
우리의 사랑도 함께 피어난다

숲 속에서는
나뭇가지 사이로 찾아드는 찬란한 햇살을 받으며
그 안의 모든 것들은
가장 작은 목소리를 낸다

숲 속에서는
고달픈 몸을 누일 수 있다
숲 속 향기에 젖어도 좋다
우리도 가장 작은 목소리로
사랑을 속삭일 수 있다

마음의 휴식

마음이 괴로운 날에는
숲길을 걷다가
나무에 기대어 앉아
휴식을 가져보라

바쁘게 사는 우리
영혼도 안식이 필요하다

열린 눈으로 나무를 보라

욕심 가득한 마음으로
살아가는 우리에게
나무는
세상만 바라보지 말고
하늘도 바라보며 살라고
하늘을 향해
화살표를 만들고 있지 않은가

마음이 복잡해지는 날에는

지친 몸 안아주는 숲길을 걸으며

나무와 이야기를 나누어보라

마음속 평안이 다시

숨 쉴 것이다

나무와 둥지

산의 심장에선
폭포가 쏟아져내리고
숲의 발목엔
냇물이 흐른다

숲의 나뭇가지엔
새들의 보금자리가 있다
둥지가 없는 숲이 있다면
그것은 숲이 아니다

숲 속엔 그들의 이야기가 있다
나뭇잎들의 노래 속에
새들도 행복하다

나뭇가지 위에서 새들이 노래한다
숲 속의 합창이 잘 어우러진다
나뭇가지는 노래하는 새들의 무대이다

새들이 날아간 나뭇가지엔
빈 둥지만 남아 있다
나무는 스스로 둥지를 허물지 않는다
새들이 돌아오기를 기다린다

한마음

큰 나무는
수많은 뿌리와
수많은 가지를 가졌지만

마음만은
한마음이다

자라고
꽃 피우고
열매 맺고 싶은
한마음이다

저마다 가슴에

저마다 가슴에
늘 푸른 나무 한 그루
심어 있는 마음으로 살아간다면
세상은 얼마나 살기 좋을까

헛된 욕심으로 괴롭지 않고
부질없는 욕망으로 흔들리지 않고
순수함을 지키며 살아갈 수 있지 않을까

저마다 가슴에
늘 푸른 나무 한 그루
가꾸는 마음으로 살아간다면
세상은 얼마나 아름다워질까

거짓 없이 사랑할 수 있고
꾸밈없이 보여줄 수 있으니
서로가 서로에게
얼마나 진실할 수 있을까

들길의 나무 한 그루

나무 한 그루가 들길에
홀로 서 있다

가지 끝에
날아와 앉은 새는
외롭게 울고 있는데

누가
세월과 세월을 이어가는
숨길 수 없는
이 긴 외로움을
달래줄 수 있을까

나무는
가까이 가면
그 자리에 서서 기다려주지만
뒤돌아서 가면
영영 볼 수 없다

풍경

나무 한 그루 없는
풍경은 삭막하다

이 세상에 나무가
한 그루도 없다면
너무나 삭막해
허전할 것이다

허허벌판의
한 그루 나무는
생명을 북돋운다

잔잔한 평화와
성숙한 아름다움을 만든다

바람이 불면

바람이 불면 나무는
온 세상을 무대로
팔을 활짝 벌리고
한바탕 춤판을 시작한다

바람이 불면 나무는
흔들리는 마음을 어쩌지 못하고
누군가를 부르며
온갖 손짓으로 쉴 새 없이
춤을 춘다

나무를 춤추게 하는 바람은
어디서 불어오기에
나무를 춤추게 하는 매혹적인 음률은
누가 연주하는 음악이기에
모든 나무를
한바탕 춤추게 하는가

나는 두 눈으로 보고 있었다

세찬 바람이 부는 날이면

모든 나무가 온몸을 내던져

한풀이라도 하려는 듯 춤추는 것을

추억의 건너편에

내 그리움의 뜰 안엔
늘 푸른
나무 한 그루가 있습니다

내 마음
친구들과 한가슴으로
꼭 안아보고 싶던
늘 푸른 나무 한 그루가 있습니다

파란 하늘 아래
보란 듯이 멋지게 자란
나무 한 그루가 있습니다

내 어린 시절

동네 친구들과 함께

마음껏 뛰어놀고 쉬던

내 꿈만큼이나

큰 나무 한 그루가 있습니다

내 추억의 건너편에

언제나 푸른

나무 한 그루가 있습니다

피곤한 여행길에

낯선 길을 걷다가 만난
나무 한 그루
왠지 오랜만에 만난 친구 같아
길가에 서서
나무에게 말을 걸어본다

나무는
내 마음을 아는지
조용히 들어주고 있다가
바람결에 잎새까지 흔들며
떠나는 나에게
다정하게 인사를 한다

낯선 길에서 만나는
나무 한 그루 한 그루
모두 정겹다
누군가 나를 위해 심어놓은 것만 같다

고마운 사람

고마운 나무들

피곤한 여행길에 만난

초록빛 휴식

나무처럼 살고 싶다

나무는 꽃이 필 때 아름답다
나무는 잎이 무성할 때 아름답다
나무는 열매를 맺을 때 아름답다
나무는 낙엽을 떨어뜨릴 때 아름답다
나무는 잎새가 다 아름답다

나무처럼 살고 싶다

상록수

늘 푸른 모습으로
우리 곁에서
친근하게 반겨주는
욕심 없는 나무들

시시각각 변하는
수많은 변화의 소용돌이 속에서
제자리를 지키는 나무들

늘 푸른 상록수가
초록빛으로 우리 곁에 있으면
우리의 삶도
희망으로 늘 푸르다

숨 쉬기조차 힘든 삭막한 삶에
사철나무가 주는 푸른 빛은
생명의 아름다움이다

나무의 힘

나뭇가지가 하늘을 향해
세차게 뻗는 것은
하늘로 비상하고 싶어서가 아니다
침묵의 강한 외침이다
자신을 표현하고자 하는
무저항의 강한 힘이다

땅과 하늘 사이에
존재하는 나무는
땅을 품고 하늘을 향해 두 팔 벌리며
늘 자신이 살아 있음을
표현하려 한다

나무는 한 그루일 때나 숲일 때나
생명의 힘 자연의 힘
나무의 힘을 보여준다

나무는 살아나기 위해서

흙에 묻혀 삶을 시작하지만

죽어서는 흙에 묻히기를 원하지 않는다

나무는 손 뻗어

하늘에 닿고 싶어한다

헌 책 속에서
떨어지는 낙엽 하나

누구의 사랑이기에
이렇게 소중히 간직하다가
꼭꼭 숨겨둔 것도 잊어버리고
떠난 것일까

세 번째 풍경

바람이 머무는 곳에서

낙엽 하나

헌 책 속에서
떨어지는 낙엽 하나

누구의 사랑이기에
단풍처럼
붉게 물들었다가
낙엽 하나만 남겨두고
떠나갔을까

누구의 사랑이기에
이렇게 소중히 간직하다가
꼭꼭 숨겨둔 것도 잊어버리고
떠난 것일까

가을 1

바람이 난 것일까
떠나고 싶은
마음만 가득해

낙엽 한 장
떨어질 때마다
발만 동동 구르고

도망치고 싶은
마음만 가득해

나뭇잎이
바람에 흔들릴 때면
같이 따라 나서더니

낙엽이 다 지기도 전에
달아나 버렸네

가을 2

여름날
못다 이룬 사랑

그리움으로
견디지 못한 사랑

온몸이 물들어
떨어지는 낙엽 속에
가을이 담겨 있다

가을 나무 1

나무는
왜 이 가을에
아름답게 물든 잎새들을 떨구며
가만히 서 있을까

새로운 봄을
기다리는 걸까

온몸을 마음껏 뻗을 수 있는 초록의 여름을
기다리는 걸까

이 가을이 지나면
곧 겨울이 올 텐데
모든 잎새들을 다 떨구고 나면
춥지는 않을까

가을 나무는
봄의 찬란한 햇살을 알고 있다
돋아나는 잎새의 기쁨을 안다

이 가을, 나무는 잎새들을 떨구면서도
절망하지 않고
내일을 기다린다

가을 나무 2

갈바람이
삶의 마지막 순간인
마지막 잎새 하나마저
떨어뜨려도
나무는 절망하지 않는다

슬픈 기색 하나
보이지 않는다

더 꼿꼿이 서서
더욱 자신 있게
자신의 몸을 다
드러내 보인다

낙엽을 밟으며

갈바람에
우수수 떨어져 뒹구는
낙엽을 밟으며
생각한다

우리의 인생도
생명이 다해
마지막 순간이 오면
모두 다 떠날 것이다

생각하면 때론
서글프고 애잔한 인생이여

이 가을에 더욱
가슴 깊이 고독으로 다가온다

나무의 시선

나무야 나무야
세상사 볼 것 못 볼 것 다 보면서
모른 체하고
가만히 서 있는 이유는 무엇이냐

분명 보았을 텐데
분명 알고 있을 텐데
너는 늘 묵묵히 서 있다

불러도 돌아서지 않고
언제나 그 자리에 서 있다

나무야 나무야
그랬으니 견딜 수 있었을 것이다
바람이 불면 불어오는 대로
눈비 내리면 내리는 대로 맞으며
모든 것 지켜봤기에
견딜 수 있었을 것이다

사사건건 참견했더라면

하루아침에 뿌리까지

자르고 파헤쳐놓을

사람들이 아닌가

욕심 없는 나무

나무는
시시각각으로 변화한다

언제나 손끝으로
하늘을 만지고 있는 나무는
아무런 욕심 없이
모든 것을 다 내어준다

나무는
꽃 피고 열매 맺는 것으로 만족한다
나무는 나목이 되어
알몸을 다 보여주어도
부끄러워하지 않는다

빈 들판의 나무 한 그루

빈 들판의
나무 한 그루
홀로 서 있어
외로움인 줄 알았습니다

풀잎들의 이야기가 들려왔습니다
"우리는 언제쯤 저렇게
키가 클 수 있을까?"

빈 들판의
나무 한 그루
풀잎들의 부러움 속에
서 있었습니다

진실을 원하는 나무

나무는 언제나

자신의 모습이

진실하기를 원한다

가식이나 허식의 껍질을

원하지 않는다

나무는 자신이 다른 것으로

변형되는 것을 원하지 않는다

살아 있을 땐

나무이기만을 원한다

곧게 자라고
깊고 넓게 뿌리내리길 원하는
나무는

나무의 모습 그대로 살아가며
자기 이름의 꽃과 열매를 피우기를
소망한다

다정한 연인

나무 아래 벤치에서
사랑을 속삭이는
다정한 연인의 얼굴엔
행복이 보입니다

나무는 모든 것을 다 듣고서도
모른 척 시치미를 떼고
가만히 서 있습니다

두 사람은 사랑을 확인하려는 듯
입맞춤을 하고 포옹을 했지만
나무는 못 본 척 가만히 있습니다

연인이 돌아간 후
나무는 심심해졌습니다
그 후부터 나무는
기다리는 버릇이 생겼습니다

벤치에 앉아 이야기하는
다정한 연인의 속삭임을 엿듣는
재미를 알게 되었습니다

한밤의 숲에선

살아 있는 모든 것들이
깊이 잠들고
달이 산을 넘어가는 한밤중에
숲에선 어떤 일이 일어날까

어둠이 주는 공포에
나무들은
온몸을 떨고 있는 것은 아닐까

아무도 모르게
모든 나무가 일제히 발을 들고
마음 가는 대로
걸어가고 있지는 않을까

온종일 서 있던 몸이 피곤해

잠들고 싶어

드러눕지는 않을까

그러나 나무는

아무런 움직임 없이

어둠 속에서도 제자리를 지키고

그대로 서 있다

가을 단풍나무

눈 맞아 바람기 발동한 여인

가슴엔 불덩이가 활활 타올라

새빨간 원피스 입고

립스틱 바르고

외출을 서두른다

찬바람에 온도는 점점 떨어지는데

가을 단풍나무는

붉게 붉게 타오른다

한순간 바람이 불어오면

온몸을 흔들며 잎새들을 다 떨구겠지

바람기를 다 떨구고 나면

실연당한 여인처럼

앙상한 나목이 되어버리는 것을 알면서도

가을이 오면

단풍나무는

온몸에 번지는 끼를 주체 못해

또다시 붉게 붉게 온몸을 태운다

푸름이 있을 때

      푸름이 있을 때
      푸름을 사랑해야 한다

      나뭇가지가 뻗치고 뻗쳐
      가지 끝에서
      수많은 잎이 돋아나고

      나뭇가지가 뻗치고 뻗쳐
      가지 끝에서
      수많은 열매가 열려도

낙엽 지는 날이 온다

벌거숭이가 되는 날이 온다

쓰러져 버림받는 날이 온다

푸른 젊음이 있을 때

푸른 청춘일 때

푸름을 노래할 줄 알아야 한다

아름다움

나무는 저마다의
아름다움을 가지고 살아갑니다

한 그루 한 그루의
아름다움이 있고
숲을 이룰 때의
아름다움이 있습니다

나무는 한 그루 한 그루마다
자신만의 독특한 아름다움을
그리고 있습니다

작은 나무는 작은 나무대로
큰 나무는 큰 나무대로
상처받은 나무는
상처받은 대로

저마다 아름다움을
간직하고 있습니다

쉼터

나무를 보라

홀로 서 있어도 당당하고
숲을 이루어도 멋진

나무를 보라

홀로 있을 땐
나그네에게 휴식을 주고
숲을 이룰 땐
모든 동물의 쉼터가 된다

나무를 보라

언제나 자신의 모습을 지키려고
꼿꼿이 서 있는 것을

나무는
자신의 모습을 좋아한다
나무로 살다가 쓰러져 죽는 한이 있더라도
나무이기를 원한다

나무를 보라
변함없이 얼마나 진실하게
자신의 삶을 살아가고 있는지

빈 의자

나무로 만든 빈 의자엔
나무의 마음이 있다

모든 것을
받아주는
넉넉한 마음이다

누구든지 앉기를 바라는
아무도 거부하지 않는
순수한 마음이다

고독한 자에게
휴식을 주고 싶어하는
나누는 마음이다

의자로 만들어지기까지
겪었던 모든 고통을 잊어버리고
상처받은 이들이 쉴 수 있는
고단한 이들이 쉴 수 있는
쉼터가 되어준다

나무로 만든 의자엔
희생의 아름다움이 있다

나무는

나무는
스스로 자란다

나무는
언제나
휴식을 허락한다

나무는
아무런 요구도 하지 않는다
모든 것을 다 주고 싶어한다

나무는
참기 힘든 외로움마저
꽃으로 피운다

그리움의 간격

나무는
가지를 펼치고 잎새를 흔들며
그리움을 가슴 가득 채웁니다

나무는
힘들어 지쳐
쓰러지기 전에는
누구에게도 기대지 않습니다

서로에게는
거리가 필요해
간격을 두고 지켜줍니다

나무는 어떤 순간도 그대로 견딜 수 있는
나무는 어떤 순간도 그대로 받아들일 수 있는
나무는 어떤 순간도 그대로 지켜볼 수 있는
평화가 있다

네 번째 풍경

은사시나무 아래

겨울 나무 1

나무는
추운 겨울
두 발을 흙 속에 꼭꼭 감추고
모든 손을 높이 들고
누구를
기다리고 있는 걸까

오랜 세월 동안
제자리를 떠나지 못하고

누구를
기다리고 있는 걸까

겨울 나무 2

모든 잎새

모든 열매를 다 떨구고

앙상한 가지만 남아 떨고 있는

겨울 나무는 온통 외로움뿐이다

나무는 하늘을 향한

그리움으로 가득하다

허공을 향해

손을 뻗어서

무엇을 잡고 싶은 것일까

가지 끝마다

깊숙이 찾아온

고독을 떨치려 몸부림치는 나무는

온 세상이 꽁꽁 얼어붙어
아무리 발돋움을 해도
제자리를 떠날 수 없어
냉가슴을 앓고 있다

나무는 아무 말도 못하고
떠나간 봄을 다시 기다리며
온 힘을 다해 하늘로 하늘로
제 손을 다 뻗을 뿐이다

기다림

모든 손 다 뻗은 나뭇가지처럼
마음을 뻗어도 닿을 수 없고
막차 떠난 정류장에서
하염없이 서 있는 듯합니다

지금 나 있는 곳은
조용한 숲 속
아름답게 치장되어 있는
별장 같은 집이지만
마음은 즐겁지가 않습니다

어디서 날아왔는지
외로운 새 한 마리
고요를 깨며 울고 있습니다

오지 않는 그대를 향한 기다림은

내 마음에 눈물이 되었습니다

그대를 기다리는 것은

사랑했던 날들이

너무나 아름답게

남아 있기 때문입니다

저녁노을

엄동설한에

양평 숲 속에서

하루의 생명을 다하고

막 산을 넘어가는

저녁노을 바라보고 있으니

붉게 물드는

그 아름다움에

탄성이 절로 나온다

나무와 나무 사이에서

이 저녁 노을빛에

같이 물들어가는

내 삶도

끝까지 열정으로 살아

붉게 붉게 타오르고 싶다

한밤에

먹물 같은 어둠이 짙게 스며든 한밤에
하얀 달도 지쳐
나뭇가지에 걸려 있을 때
나무는 외롭지 않을까

달빛이 숲 속으로
찬찬히 흘러들어올 때
아련한 그리움이 고이지 않을까

뿌리부터 가지 끝 혈관까지
사무침이 흘러넘치지 않을까

짙은 어둠 속에서
나무는 미동도 하지 않고
잘 견디고 있다

나무를 보라

나무는
누구를 환영하고 싶은 걸까
모든 팔 다 펼치고
누구를 안고 싶은 걸까

나무는 언제나
무언가를 향해
환호성을 지른다

나무는 언제나
하늘을 가득히 채우고
더 크게 자라고 싶어한다

무럭무럭 자라는

나무를 보라

얼마나 신나게 살고 있는가

나무를 보라

저 자신감 넘치는 자태를

바람이 불 때마다

마음껏 잎새를 흔드는 당당함을

기도하는 나무

하늘에 닿고만 싶은

나무는 늘 기도하는 모습이다

그림을 그려놓은 듯

그 아름다움에 감탄하게 만드는

하나님이 만드신 걸작이다

맑은 영혼 같은 수액이

피처럼 돌고 돌아

나무를 싱싱하게 한다

초록빛 나뭇잎이

햇빛과 이슬을 머금어

순수함의 절정을 이룬다

뿌리가 흙을 잡으면 잡을수록

나무는 기도하는 마음으로

힘차게 자란다

지리산

나무가 숲이 될 때는
자신의 이름
자신의 모습을 드러내지 않는다

나무와 나무가 줄지어
거대한 산의 능선을 만들 때에도
각자의 모습을 드러내지 않는다

산과 나무
이름 모를 풀잎들이 모여
지리산을 이루고 있다

노고단에 오르니
힘차게 일어서는 나무와 산 위로
하늘이 활짝 열려 있고
모든 것들이 발 아래
작게만 보인다

숨 막혀 울던 세월도 지나고 나면
추억이 되고
뼈아픈 상처도 시간이 흐르면
흔적 없이 사라지듯
쉴 새 없이 흘러내리는 물이
새로운 역사를 만들고 있다

성숙한 숲으로 움직이고 있다
지리산은 살아 움직이고 있다

씨앗 속에는

씨앗 속에는
나무의 내일이 숨어 있다

씨앗 속에는
씨앗으로만 있기에는
너무도 커다란 꿈이 있다

연이어 피어날 수많은 꽃과
탐스러움을 자랑할 수많은 열매와
새들이 둥지를 틀 수 있는
큰 나무 한 그루가 꼭꼭 숨어 있다

씨앗은
큰 나무의 꿈을 이루기 위해
싹을 틔운다

나무의 씨앗 하나하나마다
싹이 돋아나기 시작할 때
나무의 내일이 시작된다

눈 덮인 겨울 산

한계령에서 바라보는
눈 덮인 겨울 산
그 설경을 눈으로 바라보지 않고서는
백색의 눈이 연출하는 아름다움을
말로 다 표현할 수가 없다

겹겹이 다가오는
산과 산의 능선
아름다운 어우러짐
하얀 눈과 소나무의 조화
눈에 보이는 모든 것이
살아 숨 쉬는 한 폭의 그림이다

한계령에서 바라본 겨울 산은
능선과 능선이 만들어내는
선의 아름다움의 극치이다

산은 언제나 그렇듯이
제자리를 지키고 앉아
나를 반기고 있다

나도 모르는 사이에
내 마음은 산의 품에
깊숙이 안겨버렸다

바람에 쓰러진 큰 나무

기억할 수도 없는
오랜 세월을 견디며
어둠이 깊어가는 밤에도
햇살이 비쳐오는 아침에도
한 해에 나이테 하나씩 늘리며
키 작은 나무가 잘 자라
아름드리 나무가 되었습니다

나무는 어느 날부터인가
몸에 상처가 생겼습니다
온몸으로 아픔을 막으려 진액을 짜보았지만
기력을 잃었는지
줄기까지 썩어들기 시작했습니다
나무는 고통스러웠지만 모든 아픔을
혼자 앓고 있었습니다

비바람 눈보라에도 끄떡없이 잘 견디며
큰 나무라 자랑하지도 우쭐대지도 않고
제자리를 지키며
견고히 서 있던 나무였습니다

세찬 비바람이 불던 날 큰 나무는
더 이상 땅을 움켜줄 힘을 잃고
쓰러지고 말았습니다

뿌리까지 흔들며 뽑아버린
기운이 삭지 않은 바람 탓에
나무는 더 이상 견디지 못하고
꼿꼿이 서서 보던 하늘을
누워서 보게 되었습니다

큰 나무는 세월이 흘러가면

이곳에서 태어날 다른 나무를 통해

그 그리운 모습을

우리에게 다시 보여줄 것입니다

나무에겐 평화가 있다

나무는
어떤 순간도
그대로 견딜 수 있는

나무는
어떤 순간도
그대로 받아들일 수 있는

나무는
어떤 순간도
그대로 지켜볼 수 있는

평화가 있다

여행을 떠나고 싶어하던 나무

울창한 숲 속에
키 작은 나무 하나
언제부턴가
멀리 여행을 떠나고 싶었습니다

숲의 다른 나무들은
쑥쑥 잘도 자라는데
혼자만 웬일인지
잘 자라지 않아
모든 것들이 싫어져
새로운 삶을 살고 싶었습니다

어느 날 분재하는 한 남자가
이 작은 나무를 발견하고는
보물이라도 발견한 듯 밝은 표정으로
집으로 가져갔습니다

작은 나무는
한동안 몸이 뒤틀리기도 하고
줄에 이 가지 저 가지가 서로 묶여지더니
새로운 모습으로 만들어졌습니다

어느 날 잠깐 잠을 자다가 눈을 떠보니
그럴듯한 집 거실에 놓여 있었습니다
그 집 식구들은 나무를 볼 때마다
칭찬을 아끼지 않았습니다

작은 나무는 문득

숲 속이 그리워졌습니다

발가락을 웅크려야 하는 화분보다는

발을 쭉쭉 뻗을 수 있는

넓은 땅이 그리워졌습니다

수돗물보다는 시원하게 내리는

비를 맞고 싶었습니다

새 소리와 바람 소리가

너무나 그리워졌습니다

희망을 채우며

나무는 희망이다

강인한 기질을 가진 나무는
쉽게 포기하지 않는다
살아 있는 한
계속 자란다

가지가 부러지고
밑동까지 잘려나가도
나무는 자란다

뿌리만 살아 있으면
나무는 늘
희망을 가슴 가득 채우며
계속 자란다